DISCOURS

SUR

L'ORIGINE ET LES PROGRÈS

DE LA LÉGISLATION

ET

DE LA JURISPRUDENCE COMMERCIALE,

PRONONCÉ A LA FACULTÉ DE DROIT DE PARIS,
LE 18 NOVEMBRE 1820,

PAR J. M. PARDESSUS,

PROFESSEUR DE DROIT COMMERCIAL, MEMBRE DE LA CHAMBRE DES DÉPUTÉS.

PARIS,

DE L'IMPRIMERIE D'ADRIEN ÉGRON,
rue des Noyers, n° 37.

1821.

DISCOURS

SUR

L'ORIGINE ET LES PROGRÈS DE LA LÉGISLATION
ET DE LA JURISPRUDENCE COMMERCIALE.

Prononcé pour l'ouverture du Cours de Droit commercial
de la Faculté de Paris, le 18 novembre 1820.

MESSIEURS,

SA MAJESTÉ, sans cesse occupée du soin d'a-
méliorer l'enseignement des lois, vient d'acquérir un nouveau titre à votre reconnoissance
en complétant les études du droit dans tout
le Royaume, et spécialement dans l'Ecole de
Paris.

L'Ordonnance du 4 octobre dernier (1), qui

---

(1) Bulletin des Lois, VIIe série, n° 9597.

place au rang des cours obligés pour la licence, celui du Droit Commercial qui m'est confié, m'impose de nouveaux devoirs; par cela même elle accroît ma satisfaction. Tout ce qui peut multiplier les rapports de vos professeurs avec vous; tout ce qui leur offre les moyens de vous être de plus en plus plus utiles, est pour eux un véritable bienfait.

J'ai cru qu'avant de commencer mes leçons, je devois vous tracer un aperçu rapide de l'origine et des progrès de la législation qui en fera l'objet.

Le peu de temps qui s'est écoulé entre la promulgation de l'Ordonnance du 4 octobre, et la rentrée de cette Ecole; la nécessité où je me suis trouvé de remplir d'autres devoirs, ne m'ont pas permis de rendre ce travail aussi complet que je l'aurois désiré. Mais tout sentiment d'amour-propre doit céder au désir de vous instruire; peut-être, au moins, cette ébauche imparfaite, pour laquelle j'aurois besoin de réclamer l'indulgence des savans, offrira quelques idées susceptibles de fructifier, à ceux d'entre vous qui voudront étudier une des plus intéressantes parties de l'histoire du droit.

L'agriculture, en assurant la subsistance des hommes, a donné naissance au commerce ; elle leur a inspiré l'idée et fourni les premiers moyens des échanges dont il se compose essentiellement (1).

Mais les choses ne naissent pas toujours telles qu'elles puissent immédiatement satisfaire à tous les besoins. L'industrie manufacturière naquit promptement de la nécessité d'accommoder aux usages des hommes, ce que la terre avoit accordé à leurs travaux.

L'échange des ouvrages de l'industrie ne tarda pas à devenir aussi indispensable que celui des fruits de l'agriculture. A mesure que les hommes s'étendirent sur la terre, les travaux se multiplièrent ; les produits, avec les travaux ; les échanges, avec les besoins ; le goût du superflu, avec les richesses.

Ainsi le commerce s'est établi ; ainsi il est devenu une des conditions essentielles de la civilisation.

Mais les productions de la terre et de l'indus-

____

(1) Plinius, *Hist. Nat.*, Lib. XXXIII, Cap. 1.

trie sont plus ou moins périssables. Tant que le commerce se bornoit à les échanger, chacun ne vouloit en acquérir que dans la mesure des besoins qu'il pouvoit prévoir. Il falloit qu'une matière, en quelque sorte privilégiée, plus durable et plus facile à conserver que les autres, susceptible de convenir à tous, dans toutes circonstances, pût être donnée en échange de toutes choses, et servir de mesure commune pour en déterminer la valeur.

L'or, l'argent, et même, dans certains pays, des matières moins durables ou moins précieuses, furent adoptés pour remplir cet objet. L'invention de la monnoie introduisit alors les achats et les ventes, parmi les hommes qui ne connoissoient encore que les échanges (1).

Bientôt la monnoie ne suffisant plus au nombre et à la rapidité des négociations, des personnes confiantes se contentèrent de promesses écrites, que l'opinion sur la solvabilité, sur l'exactitude ou la probité du débiteur fit recevoir avec autant de faveur que la monnoie elle-même. Le commerce trouvant dans le cré-

____

(1) Dig. lib. XVIII, tit. 1. *de Contr. empt.*, l. 1.

dit un nouveau moyen de force et d'activité, s'accrut avec la population, s'agrandit avec les empires, et réunit les peuples que la nature avoit séparés par les vastes mers.

Rien de tout cela ne fut fait ou préparé par les gouvernemens. Ils n'ont eu qu'à protéger ce qui s'est établi sans eux; quelquefois même ils l'ont troublé en voulant le régler autrement que le permettoit la nature des choses.

Le commerce, ennemi de toutes entraves et disparoissant sous la main qui veut l'asservir, ne demande aux gouvernemens que protection et liberté. Pour prix de cette sauve-garde et de cette indépendance, il leur offre tous les avantages que peut procurer l'impulsion donnée aux cultures de toute espèce, à l'industrie de tout genre ; facilité dans la circulation des produits de la terre et des arts ; adoucissement dans la perception des impôts qui rentrent sous mille formes, et semblent d'autant plus légers que l'acquittement en est plus insensible, et en quelque sorte compagnon de la jouissance.

C'est principalement par les soins qu'ils donnent à la législation commerciale, que les Souverains peuvent acquitter la dette d'une protection si justement méritée. Il faut, au commerce, des lois faciles, en harmonie avec ses besoins et ses habitudes (1); assez prévoyantes pour arrêter l'imprudence, corriger l'inconduite et soulager le malheur; assez sévères pour ne laisser aucune ressource à la fraude : la forme des jugemens doit surtout être aussi simple que leur exécution sûre et rapide (2).

Il est difficile de croire, avec quelques écrivains, que les premiers peuples qui ont cultivé l'industrie, et se sont adonnés au commerce, n'eussent qu'un petit nombre de lois vagues et incertaines (3). L'expérience apprend, au contraire, que plus un État est industrieux et commerçant, plus il faut de lois pour diriger et multiplier les efforts et les progrès de la civilisation (4). Comment en effet les Rois d'Egypte, les Souverains de Ninive et de Babylone, qui

----

(1) D'Aguesseau, lettre du 25 juin 1746.

(2) Rollin, *Hist. Anc.*, liv. II, conclus. du chap. 22.

(3) *Histoire Universelle*, par une société de gens de lettres anglais, liv. 1, chap. 8, sect. 2 ; et chap. 9, sect. 2, p. 155 et 234, édit. in-4º.

(4) Plato, *de Leg.*, lib. VIII. — Montesquieu, *Esprit des Lois*, liv. XX, chap. 18.

fondèrent de si utiles établissemens, qui firent de si vastes entreprises pour créer et développer le commerce et la navigation dans leurs États, auroient-ils laissé, sans législation fixe, des négociations que devoient multiplier ou varier à l'infini, et les expéditions destinées à faire venir des pays les plus éloignés tout ce qui pouvoit contenter les besoins, l'utilité, ou même les fantaisies du luxe, et l'industrie locale, qui avoit porté à un si haut degré parmi leurs sujets l'art de travailler le bois, les métaux, et de fabriquer des étoffes aussi riches que variées (1)!

Les livres qui contiennent à la fois le dépôt de nos traditions sacrées, et les plus anciens monumens historiques, ne nous parlent de la puissance et de l'industrie des premiers empires, qu'en célébrant la sagesse de leurs lois. Le prophète éloquent qui nous a laissé une si

---

(1) On peut consulter, sur l'état du commerce et de l'industrie des premiers empires, les divers livres de la Bible, Hérodote, Strabon, Pline; et parmi les modernes, Huet, *Hist. du Commerce;* le professeur Herren, *Ideen über die politik der volker,* etc.; M. de Pastoret, *Histoire de la Législation.*

magnifique description de l'ancienne Tyr, met au premier rang, dans cet admirable tableau, la science de ses magistrats, et les institutions destinées à protéger le commerce (1).

Carthage, fondée par les Tyriens, et à qui l'immensité de ses richesses et de sa puissance ne fit jamais oublier son origine, conserva les lois de sa mère-patrie, et leur dut sa prospérité commerciale.

La Grèce instruite par les Phéniciens, les surpassa bientôt dans l'art de la législation. Les lois d'Athènes et de Corinthe avoient prévu et réglé, avec un soin particulier, toutes les espèces de transactions auxquelles le commerce de terre ou de mer, la banque, la commission et l'exercice de l'industrie manufacturière pouvoient donner lieu (2).

Les Phocéens portèrent ces usages et ces lois sur les rivages de la Gaule, lorsqu'ils fondèrent Marseille (3), florissante par le com-

------

(1) Ezéchiel, cap. 27.

(2) Plato, de Rep., lib. II. — Barthelemy, *Voyage d'Anacharsis*, chap. 37, 55.

(3) Strabo, lib. IV, cap. 1, §. 3. — Plin., *Hist. Nat.*, lib. III, n. 4.

merce, avant que Rome en soupçonnât l'utilité; long-temps amie des vainqueurs du monde; si vantée par les historiens et les philosophes (1), et dont Cicéron trouvoit plus facile d'admirer que d'imiter les institutions (2).

Rhodes doit l'immortalité de son nom à sa législation maritime (3). Alliée des Romains avant de leur être assujétie, elle eut la gloire de régir par la sagesse ceux qui l'avoient soumise par la force des armes. Ses lois ont été l'objet des méditations de ces jurisconsultes immortels, qui, sous le nom de *Prudens*, ont légué leur science à l'univers (4)! Le plus grand des orateurs les célébroit devant le grand peuple (5); et les Césars, si jaloux de la puissance suprême, en les proclamant *souveraines*

----

(1) STRABO, *loc. cit.* — TACITUS, *Vita Agricolæ*, n. 4.

(2) *Orat. pro Flacco*, §. 26.

(3) *Voyage d'Anacharsis*, ch. 73. — *Dissertations sur les Lois Rhodiennes*, par MM. de PASTORET et ALEX. SCHOMBERG.

(4) Il existe un titre du Digeste intitulé : *de Lege Rhodiâ*, qui est le second du livre **XIV**.

(5) CICERO, *pro Lege Maniliâ*, §. 18.

de la mer, leur avoient attribué une **autorité** égale à celle de leurs propres lois (1).

Les historiens, plus empressés de raconter les exploits guerriers ou les événemens extraordinaires qui ont signalé l'existence des peuples, que d'en faire connoître les mœurs et les institutions, ne nous ont rien conservé de ces précieux monumens d'une législation éprouvée par le temps, et perfectionnée par l'expérience ; car personne ne croit à l'authenticité de la compilation qui, parmi nous, porte le nom de *Lois Rhodiennes* (2) ; et nous ne pouvons en connoître que quelques fragmens, conservés dans les Pandectes de Justinien.

Mais vous savez que ce recueil précieux, qui a obtenu, et qui conserve encore une si grande influence sur les législations modernes, fut long-temps inconnu dans les provinces occidentales de l'empire romain, déjà envahies par peuples du Nord au moment de sa rédaction.

---

(1) L. 9, Dig. *de Leg. Rhod. de Jactu.*

(2) C. Bynkersœk, *de Lege Rhodiâ de Jactu*, cap. 8. — M. de Pastoret, *Diss. citée.*, p. 26. — Jorio, *Codice Ferdinando*, tom. II, p. 24 et suiv.

Ces conquérans, ne voyoient dans le commerce, qu'une profession abjecte, et dans ses produits, qu'un objet de pillage. Long-temps même après leur établissement, ils restèrent, tels que César et Tacite nous les représentent, ennemis de toute industrie, et n'ayant de rapports avec les commerçans, que pour échanger, contre des armes, des objets de première nécessité, ou les ornemens d'un luxe grossier, le butin qu'ils avoient fait à la guerre (1).

L'heureuse influence du climat, le Christianisme surtout, adoucirent ces mœurs farouches. L'esprit d'invasion, la vie errante et belliqueuse qu'il produit, furent remplacés par l'application à l'agriculture et à l'exercice des professions utiles; et comme partout et en tout temps, des causes semblables amènent les mêmes résultats, on vit renaître la législation commerciale avec les négociations, dont il falloit régler les effets et assurer l'exécution.

C'est à la France dont la noble destinée fut

____

(1) César, *de Bello Gallico*, lib. IV, cap. 2. — Tacitus, *de Moribus Germanorum*, cap. 5, n. 10.

toujours de marcher en avant de la civilisation, que sont dus les premiers essais.

Clovis et ses successeurs eurent à peine réuni dans un même empire les diverses provinces de la Gaule, qu'ils s'occupèrent de conserver ou de rétablir les relations commerciales, qui avoient rendu ce beau pays florissant, long-temps même avant que les Romains l'eussent assujéti (1).

Alliés, ou du moins en paix avec les empereurs, par qui ils avoient eu la sage politique de se faire céder leurs conquêtes (2), ils obtinrent, au-dedans comme au-dehors, tous les avantages attachés à la souveraineté légitime; et leurs sujets devinrent en peu de temps maîtres du commerce du Levant, où jusqu'à nos jours le nom de *Francs* n'a cessé d'être employé pour désigner les Européens (3).

---

(1) MELOT, *Mém. sur le Commerce de la Gaule;* Acad. des Insc., tom. XVI, p. 153; t. XVIII, p. 159; t. XXIII, p. 149.

(2) PROCOPIUS, *de Bell. Goth.*, lib I, cap. 12.

(3) HERBELOT, *Bibliothèque orientale.* V. *Franck.* — DE GUIGNES, *Mémoire sur l'état du Commerce des Français dans le Levant;* Acad. des Inscr., t. XXXVII, p. 470.

Marseille, promptement relevée des désastres que les premières invasions lui avoient occasionés, en étoit l'entrepôt principal ; la Méditerranée lui assuroit la communication avec le Bosphore, la Grèce, la Syrie, l'Egypte et les côtes d'Afrique ; le détroit de Gibraltar, celle des côtes et des îles de l'Océan ; tandis que la Durance, le Rhône, la Saône, et les voies romaines lui ouvroient l'intérieur de la France (1), et créoient des relations importantes entre ses habitans et ceux de Lyon, qui servoit d'entrepôt à l'Allemagne (2).

Bordeaux étoit sur l'Océan ce que Marseille étoit sur la Méditerranée. Les commerçans étrangers y apportoient des marchandises de tout genre, en échange de ses vins, et des produits que fournissoient ses manufactures, et les provinces voisines (3).

La Bretagne, même avant d'être soumise

---

(1). DE GUIGNES, *Mém. cit.* p. 483 et suiv.

(2) POULLIN DE LUMINA, *Abrégé chronologique de l'Histoire de Lyon*, p. 31. — VELLY, *Hist. de France*, tom. I, p. 501, édit. in-12.

(3) AUSONIUS, *Claræ urbes*, cap. 15. *Epist.* 5, 13, 22.

sous le règne de Dagobert (1), étoit avec la France dans des rapports politiques et commerciaux extrêmement étendus. Elle trouvoit, dans sa position maritime et la multitude de ses ports, peuplés de marins habiles, et fréquentés par les navigateurs étrangers (2), des moyens faciles de faire le commerce des îles et des côtes, sans courir les risques de la pleine mer dans un temps où la boussole n'étoit pas encore découverte (3). Ceux de ses négocians qui, redoutant l'Océan, vouloient se borner à des opérations moins périlleuses, pouvoient, en remontant les rivières et surtout la Loire, pénétrer jusque dans le sein du royaume.

Les Saxons et les autres habitans de l'Allemagne apportoient, dans les foires. des pellete-

---

(1) FREDEGARII *Chronicon*, cap. 78.

(2) BOLLAND. 16 mai, tom. III, p. 599. — MABILLON, *Acta Sanct. ordinis S. Benedicti, Sæcul.* 1. p. 218 et 219. passim.

(3) *Act. Sanct. ord. S. Bened., Sæcul.* 2, p. 24, art. 47.

ries et toutes les productions du Nord (1); les Syriens y versoient en abondance, la soie, les pierreries de l'Inde, les vins de la Palestine (2). Le désir du gain les attiroit; la beauté du climat les retenoit ensuite.

Paris étoit, comme de nos jours, le centre du luxe et des délices que le commerce introduisoit et ne cessoit plus d'alimenter. Les historiens du temps vantent les riches ornemens de ses temples et de ses palais. Les magasins des commerçans offroient en abondance de magnifiques étoffes en drap, en soie, en or; des vases et de la vaisselle artistement ciselés; des meubles élégans fabriqués avec des bois précieux; des vêtemens ornés de pierreries; des parfums exquis; en un mot, tout ce que l'industrie nationale et les pays étrangers offroient de plus rare et de plus recherché (3).

La longueur des voyages, les dangers ou les

---

(1) Born., *De Jure stapulæ et nundinarum civitatis Lipsiensis*, p. 19.

(2) Gregor. Turon., *de Gloriâ. S. Martini*, lib. II, c. 32. *Hist. franc.*, lib. VII, cap. 29. — *Acta Sanct. ordin. S. Benedicti, Sæcul.* 2, p. 22.

(3) Bolland. *Vita S. Genovefæ*, cap. 6, p. 140.

difficultés des communications, n'étoient point
un obstacle au commerce des Français. Ils al-
loient dans le Levant, où les marchands Grecs
moins actifs que les Syriens, les attendoient pour
leur fournir les riches productions de l'Orient.
Ils pénétroient jusque dans l'intérieur de l'E-
gypte (1), et possédoient des marchés, un
quartier particulier, des hospices, des églises,
à Jérusalem, et dans les autres parties soumises à la domination des Arabes (2). Ils por-
toient partout, avec l'activité qui surmonte les
difficultés, la loyauté qui produit la confiance (3). C'est en parlant de nos ancêtres qu'A-
gathias, historien grec, qui vivoit vers le sixième
siècle, disoit : « Les Français ne se gouvernent
« pas à la manière des barbares qui vivent
« dispersés dans les campagnes. La religion

----

(1) GREGOR. TURON. *Hist. Franc.*, lib. VI, cap. 2. —
VALESIUS. *Notitia Galliarum.* V° Massilia.

(2) Capit. ann. 810, cap. 17. — DE GUIGNES, *Mémoire
cité*, p. 483, 489.

(3) Le tableau du commerce des Français, sous les
deux premières races, a été peint, avec autant d'étendue
que de fidélité, par l'abbé CARLIER dans sa *Dissertation,*
couronnée par l'académie d'Amiens, en 1752. *Amiens* et
Paris, 1753. 1 vol. in-12.

« qu'ils professent est la même que celle de
« l'empire ; doux, humains à l'égard des au-
« tres, ils sont unis entr'eux par les liens de
« la concorde et de la justice; et si l'intérêt
« les porte à faire le commerce, ce n'est jamais
« au préjudice de l'équité : de là vient qu'ils
« trafiquent avec succès, gagnant beaucoup et
« n'essuyant presque jamais de pertes (1). »

Il est juste de rapporter une partie de ces
éloges à la sagesse des Rois.

L'histoire nous les présente, occupés à faciliter les communications intérieures, par l'entre-
tien des routes que les Romains avoient ouvertes et la confection de nouvelles, par la construc-
tion et la conservation de digues destinées à res-
serrer le cours des fleuves, ou de ponts pour les
traverser (2), et surtout par la fixation modérée
des droits de péage (3) ; à favoriser le déve-
loppement de l'industrie et des grandes entreprises, par des encouragemens honorifiques ou

---

(1) Agathias, *Hist. de rebus Justiniani imperatoris*,
lib. I et IX, cap. 20 et 62.

(2) Capit. gener. Lib. IV, art. 10, 11, 12.

(3) Edict. Clotharii II. Ann. 615, cap. 9.

pécuniaires (1), ou par des secours distribués avec discernement dans les lieux qui avoient souffert des invasions et de la guerre (2); à garantir la liberté de la navigation, en entretenant, des gardes-côtes sur le rivage, des pilotes pour diriger les vaisseaux dans les passages difficiles, des flottes pour les accompagner et les défendre (3), des ports et des phares pour la sûreté des navigateurs (4); à protéger enfin, soit par d'utiles alliances (5), soit par des mesures sévères contre la violation des traités ou d'injustes prétentions, ceux de leurs sujets qui négocioient en pays étrangers (6).

Les fragmens qui restent de leurs édits con-

____

(1) Carta Ludov. Pii, in CARPENTERII *Alphabet. tironian.* Cart. 31.

(2) GREG. TURON., lib III, cap. 34.

(3) Capit. Ann. 802, cap. 14 et 15, et Ann. 812, cap. 11.

(4) ADONIS, *Chron.*, Ann. 811. — EGINHART, *Vita Caroli Magni,* cap. 17.

(5) GREGOR. TURON., lib. VI, cap. 2.

(6) GREGOR. TURON., lib. VIII, cap. 35. — FREDEGARII *Chronic.,* cap. 68.

tiennent des principes que notre législation. moderne n'a pas dédaigné d'adopter.

C'est ainsi que modifiant le droit civil dans l'intérêt du commerce, ils déclarèrent que le propriétaire d'une chose volée ne pouvoit la revendiquer entre les mains du possesseur qui l'avoit achetée de bonne foi (1), règle essentielle pour le commerce, et qu'après douze siècles d'expérience les Codes français ont maintenue (2). Ces mêmes Codes (3) n'ont fait que renouveler leurs lois sur les ventes accompagnées d'arrhes, et sur la prohibition de vendre les fruits pendants par les racines (4).

L'obligation imposée aux propriétaires riverains d'un fleuve ou d'une rivière navigable, de laisser, sur leurs fonds, un passage (5) pour les besoins de la navigation, est attestée par une charte de 558 (6). Les peines qu'ils avoient

---

(1) Lex Wisigoth., lib. XI, tit. 3.

(2) Code Civil, art. 2279.

(3) Code Civil, art. 1590, 1598.

(4) Lex Bavajuriorum, Ann. 630, tit. 15, art. 10. — Capit. Ann. 809, art. 16.

(5) Code Civil, art. 650.

(6) *Histoire de l'Abbaye de St.-Germain-des-Prés*, année 558 ; pièces justificatives, p. 2.

prononcées contre la fausseté et l'altération des monnoies ; leurs précautions pour assurer l'exactitude des poids et des mesures, se retrouvent dans les lois qui nous régissent maintenant (1) ; et lorsque, de nos jours, on a été forcé de réprimer les usures et les fraudes dont les juifs se rendoient coupables , c'est dans un édit de 615 qu'on a puisé les élémens de la législation spéciale sur cette matière (2).

Non-seulement ils protégeoient les marchands étrangers (3), ils leur avoient même accordé le droit d'être jugés suivant leurs lois, par ceux qui présidoient à leurs comptoirs (4). Ils avoient obtenu la réciprocité pour leurs sujets dans plusieurs pays, notamment dans le Levant (5) ; et cette double institution développée par la sagesse et l'expérience des Marseillais (6), ré-

---

(1) Code Pénal, art. 132 et 480.

(2) Acte du gouvernement, du 17 mars 1808, relatif aux juifs.

(3) *Epist. Caroli Magni ad Offam Regem Merciorum,* Ann. 796.

(4) Lex Wisigoth., lib. XI, tit. 3.

(5) De Guignes, *Mémoire cité*, pag. 483 et 489.

(6) Statutum Ann. 1254, lib. I, cap. 17.

tablie, à leur imitation, par les rois de la troisième race, après les longs malheurs de la barbarie, subsiste encore, portée au plus haut degré de perfection par l'Ordonnance de 1681, et l'Edit du mois de juin 1776.

Cette faveur pour le commerce étranger, n'alloit pas toutefois jusqu'à négliger les intérêts nationaux. Des peines sévères atteignoient les commerçans étrangers qui auroient débauché et fait sortir de France quelqu'ouvrier ou préposé de commerce, sans le consentement de son maître. Vous reconnoissez encore ici les principes que nos Rois n'ont jamais cessé de maintenir, pour protéger l'industrie dans leurs états; et notre législation pénale les a conservés (1).

Une si haute sagesse dans ce qui nous reste, garantit celle des lois qui ne sont point arrivées jusqu'à nous, et de la jurisprudence qui dirigeoit les tribunaux à défaut de lois écrites.

Comment croire, par exemple, qu'il n'ait point existé de règles sur les rapports entre les

---

(1) Code Pénal, art. 417.

associés, lorsque plusieurs historiens nous parlent de sociétés existantes non-seulement pour le commerce intérieur (1), mais pour les entreprises d'outre mer (2); lorsque diverses lois supposent l'usage de cette espèce de contrat, et même qu'on trouve un édit de 615, qui l'interdit entre les chrétiens et les juifs! Comment supposer que le droit maritime ait pu être inconnu à des hommes qui naviguoient avec tant d'activité depuis les mers du Levant jusque dans la Baltique, et qu'une défense commune contre les dangers de la navigation, réunissoit en escadres pour se procurer de mutuels secours (3)! La nécessité de prévenir le redoutable fléau de la peste, n'a-t-elle pas dû aussi commander des règlemens sanitaires, puisque, vers la fin du sixième siècle, Marseille éprouva, par l'imprudente introduction d'un navire espagnol chargé de marchandises pestiférées,

---

(1) BERTRAIRE, *Spicilegium*, tom. II, p. 237, col. 1.

(2) VALESIUS, *Notitia Galliarum*. Vᵒ Massilia.

(3) GREGOR. TURON., *Hist. gest. Franc.*, lib. VIII, cap. 35. — VELLY, *Histoire de France*, tom. I, p. 501.

des ravages terribles (1), que les mêmes causes ont renouvelés dans le commencement du siècle dernier.

C'est aussi aux premiers temps de notre monarchie, que se reporte l'institution de ces foires célèbres (2) qui furent pendant si long-temps en France, et qui sont encore dans quelques parties de l'Allemagne, le seul moyen de rendre le commerce actif, et l'état florissant.

En lisant l'article 16 d'un Capitulaire de 779, on est porté à croire que les assurances contre certains risques, n'étoient pas inconnues; et, soit qu'on ajoute foi à ce qu'avance un écrivain (3), « que Dagobert remit en vigueur l'u- « sage du change et rechange déjà pratiqué », soit qu'avec d'autres auteurs, on en attribue l'invention aux juifs, que ce roi chassa de France pour leurs usures (4); la législation

(1) Greg. Turon., lib. IX, cap. 22.

(2) Charte de 629. Carlier entre dans de grands détails sur l'authenticité de cette Charte, page 67 et suiv. de la Dissertation déjà citée.

(3) Carlier, *Dissert. cit.* p. 185 et 186.

(4) Cleirac, Notes sur l'art. 1er du *Guidon de la mer.* —Savary, *Parfait Négociant,* liv. III, ch. 3.

française peut, avec quelques probabilités, revendiquer l'honneur d'avoir, la première, con-
sacré les deux plus importantes négociations
qu'ait inventées le génie du commerce.

C'est surtout sous le règne de Charlemagne,
que le commerce brilla de son plus vif éclat.
Ses victoires ne furent pas seulement au profit
de son ambition ; elles donnèrent une extension
jusqu'alors inconnue, à l'industrie et à la navigation des Français.

Persuadé que la stabilité des lois est le plus
grand bienfait qu'un souverain puisse accor-
der à ses peuples, et que le commerce, surtout, ne peut prospérer au milieu des oscilla-
tions perpétuelles de la législation, Charlemagne fit exécuter les ordonnances de ses prédécesseurs, plus encore qu'il n'en fit de nouvelles.

Tout ce qu'ils avoient entrepris ou commencé, il l'exécuta ou l'acheva dans ces immortels Capitulaires, qui consoloient l'Europe
de la perte du corps de droit romain, dont
la découverte n'eut lieu que plusieurs siècles
après lui.

La vigilance des commissaires qu'il envoyoit
dans les diverses provinces, prévenoit les abus ;

entretenoit les juges dans l'habitude d'observer les lois, et faisoit connoître quand il falloit suppléer à leur silence (1). C'est ainsi que des péages abusifs furent abolis ou réduits (2); que le système monétaire fut perfectionné (3); qu'en concurrence avec la monnoie réelle, fut introduite la monnoie de compte (4), pour la commodité des commerçans.

On se croit au temps de Louis XIV et de Colbert, lorsqu'on lit les ordres qu'il donnoit aux ministres, d'attirer les plus habiles ouvriers (5); de négocier, avec les souverains Arabes, des capitulations qui assuroient le libre commerce de ses sujets (6); de construire le fameux canal qui devoit joindre le Rhin au Danube (7). En voyant ce grand Prince exhorter les com-

---

(1) Capit. Ann. 779, cap. 21; Ann. 802, cap. 1 et 26; et Ann. 807, cap. 7.

(2) Capit. Ann. 803, art. 6; et Ann. 805, art. 14.

(3) Capit. Ann. 779, 794, 805 et 808.

(4) LEBLANC, *Traité des Monnoies*, p. 4 et suiv.

(5) Capit. Ann. 800.

(6) Recueil des Hist. de France, tom. V, passim.

(7) *Mémoire de SCHŒPHLIN*, dans l'Hist. de l'Acad. des Inscr., tom. XVIII, p. 256.

mercans, à ne pas négliger le salut de leurs âmes pour un vil intérêt, ou par l'amour d'un gain sordide; à se proposer, pour règles de conduite, les principes de la morale évangélique et le bien de la société (1), on éprouve je ne sais quelle vénération pour la noble simplicité de ces temps antiques, où le législateur ne craignant pas d'admettre le nom de Dieu dans ses lois, parle plutôt en moraliste qui veut persuader et toucher le cœur, qu'avec l'autorité souveraine qui commande et veut être obéie.

Mais Charlemagne n'eut point, dans ses successeurs, d'héritiers de son génie. Les règnes faibles et malheureux qui suivirent le sien; les guerres intestines; les invasions des Normands, plongèrent la France et l'Europe dans le deuil et les ténèbres; et, suivant l'expression de Montesquieu, on ne sut plus lire et écrire (2).

Le systême féodal démembra la monarchie,

____

(1) *Placuit, ut admoneantur omnes, qui negociis aut mercationibus rerum invigilant, ut non plus terrena lucra, quam vitam accipiant sempiternam,... ne quis supràgrediatur terrenis, neque circumveniat in negocio fratrem suum.* Capit. Ann. 809, lib. VI, cap. 299.

(2) *Esprit des Lois*, liv. 28, ch. 11.

et l'autorité royale, devenue un vain titre, n'offrit plus de protection aux peuples.

Presque toutes les provinces furent la proie d'une foule de petits tyrans; toutes les mers furent couvertes de pirates; et *les droits insensés de naufrage* (1), établis sur l'Océan, éloignèrent les navigateurs d'un rivage inhospitalier.

Dédaigné par les seigneurs sans cesse orcupés de leurs guerres privées (2); devenu impossible à un peuple asservi, sans émulation, parce qu'il étoit sans espoir, sans courage, parce qu'il étoit sans ressources, le commerce, presque partout la proie des aventuriers et des juifs, partagea la haine que ces hommes inspiroient; fut confondu avec les usures, les monopoles et tous les moyens malhonnêtes d'acquérir de l'argent (5).

Aussi la législation n'offre-t-elle, dans ces temps déplorables, que des chartes relatives

---

(1) *Esprit des Lois*, liv. 21, ch. 17.

(2) Guill. de Tyr, *Hist. Hierosoly.*, lib. I, cap. 8. — Jac. de Vitry, *Hist. Occid.*, cap. 3. — Pascas. Ratbert, *ad Lament. Jerem.* Bibl. Patr., tom. XIV, p. 817.

(3) *Esprit des Lois*, liv. 21, ch. 20.

aux péages qu'exigeoient les seigneurs; aux sauve-gardes qu'ils vendoient; aux vols que les souverains déguisoient sous le nom de *refonte*, *changement*, *haussement* des monnoies ; aux confiscations dont les usures des juifs ou des étrangers étoient le prétexte, et qui n'avoient d'autre résultat que de faire changer de mains, les sommes volées à la misère du peuple, sans lui procurer de soulagement.

Un concours de circonstances extraordinaires, presque toutes indépendantes les unes des autres, et souvent même opposées, servit à faire revivre le commerce qui devoit encore une fois civiliser le monde.

Les villes maritimes du midi de la France et de l'Italie avoient, au milieu des ténèbres et de l'asservissement général, conservé des relations avec l'Orient, où couloient toujours les trésors de l'Inde (1). Leur position, les moyens de résistance que leur donnoient les richesses, fruits du commerce, avoient servi à maintenir ou à recouvrer leur liberté, et

---

(1) De Guignes, *Mémoire cité*, p. 514 et suiv.

porté leur marine marchande et militaire, à un degré de force tel qu'elles se trouvèrent en état, vers la fin du onzième siècle, de fournir la plus grande partie des navires de transport que nécessitèrent les croisades.

D'un autre côté, la sage politique des rois de la troisième race (1) réalisa, dans leurs domaines, et bientôt étendit à ceux de leurs vassaux (2), l'abolition de la servitude personnelle, depuis long-temps préparée par la re-ligion (3).

Les Communes se formèrent. Les hommes qui s'y réunissoient, attirés par les priviléges de bourgeoisie et la protection royale (4) ; affranchis de servitudes décourageantes ; tran-

---

(1) *Mémoire sur les causes de l'abolition de la servi-tude en France*. Hist. de l'Acad. des Insc., tom. XXXVIII, p. 196.

(2) SUGER, *Vita Ludov. VI*, p. 306. — GUIBERT, *de Vitâ suâ*, lib. III, cap. 17.

(3) *Exactio consuetudinis pessimæ, quæ* mortua ma-nus *dicitur*. SUGER, in chartâ pro libertate villæ S. Dio-nysii. — *Servitus* manus mortuæ *lineæ humani generis inhumana;* Chron. Episcop. Autisiod., cap. 64. Vid. DU-CANGE, V° Manus mortua.

(4) LABBE, Bibliotheca Mss. tom. I, cap. 57.

quilles et maîtres d'améliorer leur sort, en se
livrant à des métiers utiles, déployèrent leur
industrie et ouvrirent de nouvelles sources de
richesses. De toutes parts se formèrent ces corporations de marchands et d'artisans, dont les
inconvéniens ont été trop exagérés dans un
temps où la mode étoit de tout détruire, et
qu'une sage administration pourroit rétablir
d'une manière appropriée aux progrès de la
civilisation et du commerce.

Les croisades qui ne produisirent que du
mal, dans le but religieux qui en fut, peut-être,
plutôt le prétexte que l'objet (1), devinrent la
cause d'un bien qu'un petit nombre d'esprits
supérieurs avoit pu seul prévoir, ou mettre à
profit. Les grands vassaux et les seigneurs,
entraînés loin de leurs domaines, ruinés par
des dépenses au-dessus de leurs moyens, per-
dirent une partie de leur puissance ; et cet
abaissement eut le double résultat d'accroître
l'autorité royale, et de faciliter de plus en plus
l'affranchissement des peuples. (2).

---

(1) DE GUIGNES, *Mémoire cité*, passim.
(2) ROBERTSON, *Introd. à l'Hist. de Charles-Quint*,
sect. 1, ad finem.—CHAPUIS, *Hist. du Commerce*, p. 180.

Elles firent connoître aux gouvernemens d'Europe l'utilité d'une marine, et frayèrent le chemin aux grandes découvertes (1). Les communications de province à province, ne furent plus considérées par l'ignorance comme des entreprises périlleuses (2); les voyages lointains cessèrent d'effrayer. La navigation devint l'objet de toutes les industries et la source de toutes les richesses.

Il fallut régler les effets de transactions qui naissoient, se renouveloient et se modifioient dans une progression toujours croissante. Le droit commercial eut les mêmes commencemens que les autres branches du droit civil; il se composa d'usages, avant d'être fixé par des actes de la puissance législative.

Mais la force des choses exigeoit que, partout, des opérations d'une nature semblable fussent soumises aux mêmes règles. Une sorte

____

(1) *Hist. Universelle*, par une société de gens de lettres anglais, tom. XXI, p. 2. — De Guignes, *Mémoire cité*, p. 468.

(2) *Vita Buchardi;* Historiens de France de D. Bouquet, tom. X, p. 351.

de consentement unanime fit adopter par les navigateurs, sous le nom, à jamais fameux, de CONSULAT DE LA MER, les usages que Marseille avoit conservés de son antique législation, dont le temps avoit détruit les monumens, sans en affoiblir l'esprit ou en effacer le souvenir (1); et ceux que l'expérience de plusieurs siècles, de nouveaux rapports et de nouveaux besoins, y avoient ajouté. Le recueil de ces usages, traduit dans toutes les langues (2), eut l'étonnante destinée de régir les nations les plus divisées par la politique ou les intérêts commerciaux, et d'être encore, jusqu'à nos jours, la base ou le supplément des lois positives; même, d'en tenir lieu dans plusieurs pays (3).

Les efforts de quelques villes d'Italie et d'Espagne, pour revendiquer l'honneur de cette

----

(1) MORNAC, ad Leg. 9, Dig. *de Lege Rhodiâ*. — GIBALLINUS, de Usuris et Commerciis, lib. IV, cap. 2, art. 2, n. 2.

(2) MURATORI, *Rerum Ital. Script.*, tom. III, part. 2, p. 367.

(3) VINNIUS, ad Legem 1., Dig. de Lege Rhod. — CASAREGIS, Disc. 213, n. 12. — *Rota Florent., Thes. Ombrosiano*, tom. IV, decis. 41, n. 5.

composition célèbre, n'ont eu d'autres résultats que de détruire leurs prétentions respectives. L'origine française du *Consulat* seroit assez prouvée par les mœurs qu'il rappelle, par les institutions auxquelles il se réfère (1), et que plusieurs siècles n'ont pu effacer, si, d'ailleurs, le langage provençal, dans lequel nous l'ont conservé les plus anciens exemplaires, ne présentoit aux hommes sans préjugés une preuve aussi vraie qu'incontestable.

A l'imitation du *Consulat de la mer*, plus généralement observé dans la Méditerranée, les usages maritimes de l'Océan furent rédigés, sous le nom qui n'est pas moins célèbre, de *Jugemens* ou *Rooles d'Oleron*; et l'origine française de ce recueil est encore moins contestée que celle du *Consulat* (2).

---

(1) L'art. 7 des Lettres de Philippe Ier, de 1079, accorde aux consuls d'Aiguemortes le droit de déléguer sur chaque navire un juge pour décider les contestations entre les navigateurs; et les chap. 312, 327 et 329 du *Consulat*, reconnoissent cette institution, qu'on ne trouve dans aucune autre législation de l'Europe.

(2) L'art. 42 des Lettres de Charles V, de 1364, confirmatives de celles de ses prédécesseurs en faveur des Castillans, déclare que les contestations commerciales

***

La législation positive qui n'est en général que l'expression de l'état de la société, et le résultat de ses besoins, suivit la marche des esprits et des choses. Les Pandectes retrouvées par une sorte de hasard, firent connoître ce que le temps avoit épargné des véritables lois Rhodiennes, et permirent aux législateurs de puiser dans les trésors de la sagesse romaine.

Le commerce intérieur ne tarda pas à se ressentir de la révolution qui ranimoit celui des pays maritimes. Saint Louis, dont il est impossible de prononcer le nom, sans rappeler tout ce que la vie privée offre de parfait, tout ce que la majesté royale peut avoir de plus digne de l'amour des peuples et de l'admiration des siècles, substitua ses immortels *Etablissemens* aux usages de l'ignorance et de la barbarie. Il donna une nouvelle sanction aux Capitulaires de Charlemagne, sur la fidélité des engagemens, et la prompte décision des

---

seront jugées conformément au *Droit d'Oleron;* ce qui, indépendamment de toutes autres preuves, ne permet pas de croire que ces jugemens soient l'ouvrage des rois d'Angleterre, comme le prétend SELDEN, *Mare Clausum,* lib. II, cap. 24.

contestations. A l'exemple du grand monarque, il assura la police des lieux où les marchands se rendoient des diverses parties de la France et des pays étrangers; unit ses efforts et l'influence de son autorité à ceux des conciles et des pontifes, pour abolir la coutume de piller les naufragés (1); réprima les usures, les fraudes, et donna des statuts aux corporations (2).

Ses successeurs développèrent ces principes, dans des ordonnances aujourd'hui trop peu connues, dont nos Codes nouveaux n'ont fait que réunir les dispositions et, en quelque sorte, rajeunir le style. Ils attirèrent dans leurs ports et dans les marchés de l'intérieur, les commerçans étrangers, par des encouragemens coordonnés avec prudence aux intérêts de leurs sujets; leur donnèrent de nouveau le privilége d'être jugés par des magistrats de leur nation (3), et jetèrent les premières bases de

---

(1) *Decret.* Gregor., lib. V, tit. 17, cap. 3. — Barth. Ugolin., *de Censur. Pontif. reserv.*, part. II, cap 4. — Valin, Comm. sur l'ordonn. de 1681, tom. II, p. 538.

(2) Velly, *Hist. de France*, tom. V, p. 300.

(3) Voir, dans les *Ordonnances du Louvre*, tom. I,

notre droit des gens maritime, en soumettant les armateurs en course, à la nécessité d'être munis d'une autorisation du souverain et d'observer les lois de la guerre (1).

La lettre de change devint d'un usage général; les assurances maritimes se développèrent, et facilitèrent les grandes entreprises; les Français inventèrent la boussole, à qui sont dus les miracles de la navigation (2); et bientôt le commerce, affranchi des dernières entraves que lui opposoit la nature elle-même, ne connut d'autres bornes que celles du monde habitable.

Toutes les villes commerçantes depuis le golfe Adriatique jusqu'à la mer Glaciale, eurent leurs ordonnances sur le change, leurs réglemens maritimes; et comme les mêmes besoins commandent partout les mêmes institutions, le modèle en fut pris dans les usages

---

p. 404; II, p. 158; IV, p. 421, 668, les priviléges pour les marchands de Belgique, Portugal, Castille, etc.

(1) Charte de 1152, citée par DUCANGE, V° Marcha. — Lettres de Philippe de Valois, de 1339.

(2) *Dissertation sur l'origine de la Boussole*, par M. AZUNI. Paris, 1809.

de Marseille, dans les établissemens que cette ville antique avoit conservés pendant les ténèbres de la barbarie, pour protéger ses navigateurs, et assurer la prospérité de son commerce (1).

Il n'entre, ni dans l'objet que je me propose, ni dans le plan que je me suis tracé, de vous exposer en détail l'historique et les dispositions de ce grand nombre de lois, rédigées suivant le même esprit, quoique dans des temps, des circonstances et des lieux différens. Je dois appeler votre attention sur l'époque mémorable qui vit tant de matériaux précieux réunis, offrir un système harmonique et complet de législation commerciale.

La gloire en étoit réservée à la France, et au siècle de Louis XIV.

Vainqueur de l'Europe et digne d'être loué par les grands écrivains, puisqu'il sut les deviner et les mettre en honneur, ce Roi voulut encore mériter le titre de *Grand*, que la pos-

---

(1) Notamment l'établissement de Consuls en pays étrangers, d'après le statut de Marseille ; lib. I, cap. 18 et 19.

térité lui a confirmé, par des institutions qui devoient durer plus long-temps que ses conquêtes.

Les ordonnances de 1673 et 1681, rédigées sous l'influence du génie de Colbert, par les jurisconsultes les plus célèbres et les commerçans les plus habiles, commandèrent l'admiration aux ennemis les plus acharnés du monarque législateur; et depuis un siècle et demi, elles forment le droit commun des peuples commerçans, respectées et dictant des arrêts jusque dans les cours de justice de la jalouse Angleterre (1).

Il eût été naturel d'assurer la conservation d'un si bel ouvrage, par un enseignement public dans les facultés de droit, que le même prince venoit de rétablir (2). En effet, lorsqu'une partie de la législation, difficile à traiter par l'immense variété des transactions qu'elle embrasse, et par sa nature même qui ne lui permet

----

(1) *A general Treatise of the Dominion of the seea*, chap. VI.

(2) Déclaration du 6 août 1682, pour les études du Droit.

que d'être une exception aux règles du droit commun, est devenue l'objet d'un Code spécial, la science exige un nouveau genre de travail ; il devient nécessaire de rapprocher, des principes élémentaires sanctionnés par le législateur, les monumens de la jurisprudence qui les a produits et fixés, et de prévenir, par l'unité de doctrine, le retour de cette licence d'opinions qui rendoit toutes les questions problématiques.

Mais, soit que d'anciens préjugés subsistassent encore dans l'esprit de la noblesse, qui occupoit les tribunaux supérieurs ; soit que les malheurs qui affligèrent la fin du règne de Louis XIV, aient empêché de réaliser les sages intentions de Colbert, et forcé de transiger avec les prétentions des provinces, des villes, des professions même, au lieu d'écarter tout ce qui s'opposoit à l'unité, l'étude des lois commerciales fut livrée au hasard ; la routine présida seule à leur application ; les interprétations d'une jurisprudence arbitraire en étouffèrent le texte, en dénaturèrent l'esprit ; et les jurisconsultes, comme les magistrats, parurent peu jaloux de maintenir la pureté d'une doctrine qu'ils n'avoient point appris à respecter dans les écoles.

Une science nouvelle, que Sully et Colbert ont possédée sans doute, mais qui n'avoit paru dans ces grands hommes que l'effet de l'inspiration et du génie, plutôt qu'un objet d'étude capable de leur donner des successeurs, *l'Économie politique*, fut créée pour ainsi dire de nos jours. Son influence sur le commerce, et par une suite nécessaire sur la législation qui le régit, fut proportionnée à l'importance de son but. Mieux éclairés sur leurs véritables intérêts, les gouvernemens virent, dans le commerce, le ressort le plus puissant de la prospérité publique. Ils reconnurent que, s'il ne produit pas comme l'agriculture et les arts, il fait plus, il en rend les productions précieuses ; qu'en créant de nouvelles jouissances, en étendant la sphère des besoins, il multiplie les travaux, encourage l'industrie, et devient en quelque sorte le moteur du monde.

Les abus qui s'étoient introduits dans la jurisprudence commerciale, ne s'en firent que mieux sentir ; et la réforme en fut demandée, par ceux même qui ne trouvoient aucun inconvénient à ce que la France fût partagée en trois cents coutumes différentes.

Le Monarque infortuné qui commença son règne par abolir les restes de la servitude, supprimer la corvée, adoucir la rigueur des lois criminelles, et préparer un Code civil uniforme, s'occupoit aussi de perfectionner la législation commerciale. Les édits de 1776 et l'ordonnance de 1781, sur les consulats en pays étrangers, celles de 1784 et 1786, sur la police de la navigation, de 1778 et 1779 sur les prises, avoient déjà fait d'importantes additions à l'ordonnance de 1681 ; et la révision de celle de 1673 alloit paroître, quand la révolution vint avec ses malheurs fondre sur la France (1).

Un travail qui exige tant de réflexions, tant d'impartialité, ne pouvoit être exécuté dans ce temps de crimes et d'anarchie qu'on a nommé *la République*, où le succès et la stabilité d'une institution dépendoient du sort des hommes, qui tour à tour usurpateurs et vaincus,

---

(1) Une commission fut formée, en 1787, pour reviser les lois commerciales ; et son travail, imprimé, forme un volume in-4°.

se succédoient avec rapidité ; où l'esprit de faction habile à s'emparer du plus léger événement, marquoit tous les pas de la législation par des innovations mal combinées, et par de funestes essais.

Ce n'est qu'en 1807 que le Code de Commerce, qui régit actuellement la France et plusieurs royaumes étrangers (1), fut promulgué. Quelques années après, le gouvernement, mettant à profit les leçons de l'expérience, créa une chaire, pour en développer les principes, dans la première Faculté du royaume.

Le succès que cet essai paroît avoir obtenu, bien plus, je dois l'avouer, par l'importance de l'enseignement, et le zèle des auditeurs, que par les talens de celui qui en étoit chargé, a décidé le Roi à placer ce cours au rang de ceux que doivent suivre les étudians qui aspirent à la licence du droit (2).

. L'objet de mes leçons n'est pas, Messieurs, d'initier ceux qui veulent courir l'honorable

---

(1) Les royaumes des Pays-Bas, de Naples, et quelques États d'Allemagne.

(2) Ordonnance du 4 octobre 1820, art. 1.

et périlleuse carrière du commerce, aux vastes combinaisons, dont il n'est pas toujours donné à l'homme d'état, ou même au philosophe, de saisir les rapports et d'apprécier les résultats.

La nature seule peut douer quelques êtres privilégiés, de ce coup d'œil sûr et rapide qui prévoit l'influence des saisons sur l'abondance, la disette, la qualité des denrées ; de cette force de pensée qui soumet à ses calculs les révolutions que la guerre ou la paix doivent opérer dans la fortune des places et des ports du monde entier ; de cette heureuse assurance qui connoît et saisit le moment de commencer, et celui où l'on doit s'arrêter dans les entreprises et les spéculations. En un mot, le commerce est une science particulière dont les problêmes sont d'autant plus difficiles à résoudre, que les conditions n'en sont pas simples et déterminées ; qu'elles ne dépendent pas seulement de l'instabilité des événemens, mais qu'elles sont encore subordonnées au caractère, au caprice, à l'incalculable variation des opinions, des volontés, et, si je peux m'exprimer ainsi, des consciences humaines.

Cependant on courroit le risque de s'égarer

dans les immenses détails dont se compose le commerce, si l'on ignoroit les lois qui en régissent les transactions.

C'est en montrant aux commerçans ce qu'elles prescrivent ou défendent, que le jurisconsulte peut leur dire : « Ne faites point de spéculations « hasardeuses, et que vos entreprises soient « sagement proportionnées aux ressources de « votre fortune et de votre crédit (1). La ruine, « que vous occasioneroit le jeu détestable de « l'agiotage, n'est point considérée par la loi « comme un simple malheur ; elle n'y voit « qu'une imprudence et une inconduite dignes « de ses châtimens (2).

- « La clarté doit régner dans toutes vos opé- « rations ; le désordre est suspect, et rend la « sincérité douteuse. Que des registres tenus « avec exactitude attestent donc aux magistrats « la justice des droits que vous réclamez (3). « Si des revers inattendus vous atteignent, « qu'ils justifient la pureté de votre conduite ;

---

(1) Code de Commerce, art. 586, n. 2.

(2) Même art , n. 3.

(3) Code de Commerce , art. 8 et suiv.

« vous obtiennent l'intérêt des bons, et com-
« mandent aux méchans le respect que mérite
« l'honnête homme malheureux (1).

« Il n'existe, sans doute, aucune position dans
« la vie, aucune profession, où l'on soit dispensé
« de probité ; mais il ne suffit pas que celle d'un
« commerçant soit intacte, il faut qu'elle soit à
« l'abri du plus léger soupçon. Quelquefois ce
« que la loi permet, un commerçant honnête
« doit se l'interdire ; ainsi lorsque le premier
« César dispensa les débiteurs de payer une
« partie de leurs dettes , les Rhodiens ne vou-
« lurent pas se prévaloir de cette concession (2).

« Surtout repoussez tout commerce illicite ,
« non par la crainte des peines, car celui que
« dirige cet unique sentiment est déjà un mau-
« vais citoyen, mais parce que dans l'intimité
« de votre conscience, l'intérêt de votre patrie
« doit aller avant tout, et que le commerçant
« qui viole les lois faites pour protéger l'in-
« dustrie nationale contre celle de l'étranger,
« n'est pas moins traître, que le soldat qui livre
« le poste dont la garde lui est confiée ! »

---

(1) Code de Commerce, art. 586.
(2) DION CHRISOST., *Rhodiaca*, orat. 31.

Je ne perdrai point de vue surtout que mes leçons s'adressent particulièrement à cette jeunesse qui doit donner des jurisconsultes au barreau, des magistrats aux tribunaux. Convaincu que l'étude des lois commerciales seroit insuffisante, et je ne crains pas de dire, inutile, si elle n'étoit rattachée à celle du droit civil; que, d'un autre côté, l'étude des lois civiles est incomplète, si l'on n'y joint celle des lois commerciales, je placerai au premier rang de mes devoirs, le soin de comparer ces deux législations : j'indiquerai ce qu'elles ont de commun, et les motifs des différences que nous aurons remarquées : par là mes leçons pourront atteindre le double avantage, de compléter les études de ceux qui connoissent déjà l'ensemble de la législation, et de suppléer à l'instruction que les autres n'auroient pas encore acquise.

Sans avoir la prétention de m'élever aux grandes pensées de l'administration publique, qui seule doit considérer le commerce dans ses rapports avec la prospérité nationale, je ne croirai pas qu'il me soit interdit d'indiquer l'accroissement qu'il peut recevoir des institutions et des lois destinées à le protéger; de rechercher les causes ou les moyens d'influence de ces lois, sur la prospérité du commerce, dont elles garantissent les droits, sur le crédit public, dont le commerce possède les secrets et assure le maintien, sur les rapports entre toutes les nations, dont tous les intérêts ont aujourd'hui le commerce seul pour mobile et pour but.

Quelquefois même, si l'étude des lois m'y fait apercevoir quelques défauts, quelques inconvéniens, (car le plus parfait ouvrage des hommes n'en est pas exempt), je n'hésiterai point à vous les faire remarquer. La bonne foi n'a jamais à craindre que l'on confonde ses doutes modestes avec les attaques d'une critique amère ou passionnée. En se livrant au simple enseignement des lois, on peut indiquer les moyens de les améliorer, pourvu que, toujours respectueux, toujours soumis, on se borne à éclairer l'autorité, sans la combattre.

Les célèbres ordonnances de 1673 et de 1681; les ouvrages de leurs estimables commentateurs; les fragmens qui nous restent des anciennes législations, dont je vous ai tracé rapidement la marche et les progrès ; les lois étrangères et les traités que d'habiles jurisconsultes ont composés pour les développer, m'offriront des secours abondans.

En effet, l'uniformité des principes, leur indépendance des variations qu'amènent les siècles ou les révolutions, et des divisions que produisent les rivalités nationales, sont un caractère distinctif de la jurisprudence commerciale.

Les changemens dans le droit civil ont toujours accompagné ceux de l'organisation politique ; et, pour n'en choisir qu'un exemple, quelle diversité n'offrent pas les lois des successions, depuis celle des douze tables qui laissoit la faculté d'exhéréder sans cause l'héritier le plus favorable, jusqu'au décret du 17 nivôse an II, bizarre conception des niveleurs modernes, qui divisoit à l'infini, entre des collatéraux inconnus, la fortune d'un citoyen, sans qu'il pût récompenser un ami fidèle, ou punir un parent ingrat !

La législation commerciale n'a jamais éprouvé cette versatilité : telle encore, après plus de

trente siècles qu'on la vit aux premiers mo-
mens où les négociations du commerce ont
commencé, elle est demeurée immuable au
milieu du bouleversement de toutes les sociétés.

Après la découverte d'un nouveau monde,
au milieu du perfectionnement presque mi-
raculeux de l'industrie humaine, les opérations
commerciales sont encore réglées par les principes et les institutions que les Phocéens appor-
tèrent à Marseille, il y a trois mille ans. Comme
au temps de Démosthène et de Cicéron, les
livres des commerçans sont encore le dépôt de
leur conscience; la même exactitude y est exi-
gée; la preuve qu'ils font est admise (1). Les
formes, les conditions du prêt à la grosse sur
des navires envoyés jusque dans la cinquième
partie du monde, ne sont pas différentes de
celles que les Athéniens avoient établies pour
le trajet de la mer Egée au Pont-Euxin (2):
parmi nous encore, comme chez ce peuple cé-

----

(1) DEMOSTH. *in Callippium oratio.* — CICERO, *pro
Roscio comœdo,* §. 1 et seq.

(2) DEMOSTH. *in Zenothemium oratio; In Lacri-
tum oratio.*

lèbre, le commerçant qui n'acquitte pas ses obligations, perd sa qualité; celui qui fait faillite est privé de l'exercice des droits de citoyen, et n'échappe aux poursuites de ses créanciers qu'en leur abandonnant tous ses biens (1).

L'histoire de l'antiquité vous a fait connoître combien a varié la forme des tribunaux. Des flots de sang romain ont été versés pour décider qui, des patriciens ou des chevaliers, rendroit les jugemens : aux barbares épreuves que nos ancêtres appeloient, *Jugemens de Dieu*, ont succédé ces innombrables juridictions que la révolution seule, qui détruisit tout, a pu détruire aussi; et depuis que cette révolution a changé la face de toutes choses, que d'essais infructueux dans l'organisation judiciaire attestent qu'il est plus facile de renverser que de créer !

A travers tant de changemens, au milieu de tempêtes si terribles, le commerce a conservé les juges spéciaux que Xénophon désignoit à la reconnoissance de ses concitoyens (2). Mar

---

(1) Demosth., *in Apaturium; pro Phormione.*—Sam. Petit, Comm. in leges Atticas, lib. V, tit. 2, §. 2.

(2) Xenophon, *Rat. Redit*, cap. 3.

seille a vu échapper à la faulx révolutionnaire, et s'établir, à son exemple, dans nos villes commerçantes, la paternelle juridiction des Prud'hommes, dont un édit du roi René constate l'antique existence. La preuve testimoniale, le premier et le plus ancien moyen de connoître la vérité, exilée depuis long-temps des tribunaux civils, est restée, sans limites, dans ceux du commerce (1).

Telles sont la force et la nature des choses. Les lois civiles n'agissent que sur le peuple à qui elles sont données; elles se ressentent nécessairement de l'influence de ses mœurs, de son organisation, de son climat : les lois du commerce intéressent l'univers entier, dans lequel les commerçans forment pour ainsi dire une même famille. L'esprit de ces lois ne sauroit changer avec les démarcations territoriales; dans leur prévoyance hospitalière, elles ne doivent pas offrir une moindre garantie aux étrangers qu'aux nationaux; et l'expérience nous a plus d'une fois appris que leur injustice, punie des plus affreuses réactions, allumoit

____

(1) Ord. de 1566, art. 55. — Cod. de Comm., art. 109.

le feu de la guerre, d'un bout du monde à l'autre.

J'ai lieu d'espérer que mes leçons nouvelles devront quelque chose à celles qui les ont précédées. Ce n'est pas seulement dans l'industrie manufacturière, qu'une application constante et habituelle à un seul objet produit le perfectionnement. L'application et l'habitude sont aussi le véritable, et presque l'unique moyen d'acquérir quelque supériorité dans les sciences intellectuelles ; du moins elles peuvent suppléer au talent, et remplacer les dons du génie : *assiduus usus uni rei deditus artem et ingenium sœpè vincit* (1).

Cette réflexion est due à Cicéron ; et quelle autorité dans cette enceinte, que celle de l'homme qui réunissoit au plus haut degré, la sagesse du philosophe, la science du jurisconsulte, les talens de l'orateur et les vertus du citoyen !

Mais, Messieurs, ni le zèle, ni des lumières, quelqu'étendues que la bienveillance les suppo-

____

(1) CICERO , *Orat. pro Balbo*, §. 45. —VALERIUS MAX., lib. VIII , cap. 12 , n. 1. — ADAM SMITH, *Recherches sur la richesse des Nations*, liv. V, chap. 1 , sect. 3.

sàt, ne suffisent à vos professeurs. Vous seuls pouvez, par votre confiance, votre assiduité, votre amour de l'étude, rendre utiles et fructueuses des leçons dont vos succès seront la plus douce récompense.

Jamais les Écoles publiques ne se sont ouvertes sous de plus heureux auspices. *Un enfant nous est né! C'est un Français de plus! Il sera notre père à tous!* Ces royales paroles ont retenti dans tous les cœurs; et les vôtres, si naturellement ouverts aux sentimens nobles et généreux, ne les oublieront jamais.

Oui, c'est véritablement pour vous que doit briller cet astre dont il ne nous est donné que d'entrevoir l'aurore. Vos destins sont fixés. Tout présage à vos travaux, l'ordre et la paix, seuls capables de les faire prospérer; et vous pouvez vous écrier avec un poëte ancien : *et spes et ratio studiorum in Cæsare!*

Loin de réclamer une part dans ces funestes dissensions, qui si long-temps ont agité la patrie, aimez-vous; et que l'union entre les enfans prépare et cimente la réconciliation des pères.

La société ne vous interroge point encore sur

ses besoins; elle ne vous a point donné la mission de l'organiser, ou de la réformer : elle veut que dans le calme de l'étude, vous appreniez à connoître ses lois, les vérités qu'elle possède, les sciences et les arts qu'elle cultive, afin que dans un âge plus avancé, vous en transmettiez le dépôt, augmenté de vos propres richesses, à la génération qui vous succédera : elle veut que sous l'égide d'une discipline salutaire, vous fassiez l'apprentissage de l'ordre, et qu'ainsi vous vous rendiez dignes des institutions qui vous attendent, et de la liberté qu'elles vous assurent.

Entrez donc avec ardeur dans la carrière qui s'ouvre devant vous.

Plus vous serez instruits, mieux vous repousserez les séducteurs qui, sous le nom de liberté, appellent tous les excès de la licence; prêts à rétablir sur les ruines de la civilisation, le gouvernement militaire, aussi affligeant pour les peuples, qu'humiliant pour la raison humaine.

Plus vous aurez médité, et plus fortement vous serez attachés à cette Charte que la France a reçue de la libre volonté de son Roi, et qui nous assure deux biens inappréciables, si difficiles à concilier, l'autorité du Prince pour sauver le peuple de l'anarchie, la liberté publique pour le garantir de l'avilissement (1).

Mais dans cette étude des lois, ne perdez jamais de vue celui qui en est la raison première. Ne vous bornez pas à les considérer dans les seuls rapports des intérêts individuels : remontez à ceux qui lient tous les hommes envers le Dieu, par qui la justice est donnée aux Rois, et la sagesse aux institutions (2).

Conservez, cultivez, accroissez par de nouvelles méditations, ces principes religieux qui vous furent inculqués dès vos jeunes ans. Ils vous offriront un abri dans les orages qui menacent votre adolescence; ils vous donneront dans l'âge mûr cette force d'esprit, cette constance d'âme, qui font qu'on sacrifie tout au devoir; ils ne laisseront point vos derniers jours sans consolations.

Les doctrines religieuses et morales font les bons citoyens; le mépris ou l'oubli de tout ce

----

(1) *Res olim dissociabiles, principatum et libertatem.* Tacit. *Vita Agric.*, n. 3.

(2) Proverb., lib. VIII. ℣. 15..

qui peut porter les hommes vers le bien, et ennoblir leurs destinées, amène l'égoïsme et l'indifférence, redoutables précurseurs et signes infaillibles de la destruction des empires.

C'est quand les Romains, corrompus par des sophistes, eurent abandonné les croyances de leurs ancêtres, qu'éclatèrent les fureurs de Marius et de Sylla. Ils n'eurent plus de patrie, quand ils n'eurent plus de religion.

Le même César qui avoit mérité qu'au milieu du Sénat, Caton l'appelât mauvais citoyen, pour avoir nié l'immortalité de l'âme, et l'espérance d'une autre vie, fut aussi l'oppresseur de Rome, et le destructeur de la liberté publique.

Les hommes qui, dans leur jeunesse, chantoient sur les théatres, qu'il n'y a rien après la mort, étoient amis ou complices de Catilina : plus tard ils frayèrent le chemin du pouvoir suprême, au général qui tournoit contre la patrie les armes qu'elle lui avoit confiées pour la défendre ; et la Providence, toujours juste, voulut que, dans leur vieillesse, ils fussent esclaves ou victimes du plus rusé des tyrans.